VENTE

Par autorité de justice et en vertu d'ordonnance de référé
enregistrée

Des Lundi 14 et Mardi 15 Mai 1877

HOTEL DROUOT, SALLE N° 11, A DEUX HEURES

225 TABLEAUX

ANCIENS

DE TOUTES ÉCOLES

Gravures, Dessins, Pastels, Livres

Pendules, Candélabres, Flambeaux en marbre et bronze doré
époque Louis XVI

PORTIÈRES EN TAPISSERIE DES GOBELINS

LINGE, PORCELAINE, OBJETS, MOBILIERS

EXPOSITION PUBLIQUE

Le Dimanche 13 Mai 1877, de une heure à cinq heures.

Mᶜ A. GUILLAUME-CLAYE
COMMISᵗᵉ-PRISEUR
Rue aux Ours, 34.

M. RIFF
EXPERT
Rue Drouot, 13.

PARIS — 1877

V[es] **RENOU, MAULDE et COCK**

IMPRIMEURS DE LA COMPAGNIE DES COMMISSAIRES-PRISEURS

Rue de Rivoli, 144.

CATALOGUE

DE

225 TABLEAUX

ANCIENS

DE TOUTES ÉCOLES

Gravures, Dessins, Pastels, Livres
Pendules, Candélabres, Flambeaux en marbre et bronze doré
époque Louis XVI

PORTIÈRES EN TAPISSERIE DES GOBELINS

LINGE, PORCELAINE, OBJETS MOBILIERS

DONT LA VENTE AUX ENCHÈRES PUBLIQUES AURA LIEU

Par autorité de justice et en vertu d'une ordonnance de référé, enregistrée

HOTEL DROUOT, SALLE N° 11

Les Lundi 14 et Mardi 15 Mai 1877

A DEUX HEURES

Par le ministère de Mᵉ **Albert GUILLAUME-CLAYE**, Comᵉ-Priseur,
rue aux Ours, 34, près le boulevard de Sébastopol,
Assisté de **M. RIFF**, Expert, rue Drouot, 17,

CHEZ LESQUELS SE DISTRIBUE LE CATALOGUE.

EXPOSITION PUBLIQUE

Le Dimanche 13 Mai 1877, de une heure à cinq heures.

PARIS — 1877

CONDITIONS DE LA VENTE

Elle aura lieu au comptant.

Les Adjudicataires paieront CINQ POUR CENT, en sus des enchères, applicables aux frais.

DÉSIGNATION

DES

TABLEAUX

ALBANE (D'après l')

1 — Diane et Actéon.

ARTHOIS (Van)

2 — Paysage et Figures.

BATTONI (Pompéo)

3 — Saint Jean.

BEAUBRUN

4 — Portrait du prince de Condé.

BERGEN (Dirck Van)

5 — Animaux au pâturage.

BERGHEM (D'après)

6 — Marche d'animaux.

BLOEMEN (Van)

7 — Choc de cavalerie.

BLOOT (De)

8 — Paysage.

BOUCHER (École de)

9 — Pastorale.

BOUCHER (École de)

10 — Pastorale.

Panneau en camaïeu rose. Cadre en bois sculpté.

BRAMER (Léonard)

11 — Moïse dictant la loi.

BREEKELENKAMP (D'après)

12 — Sainte Madeleine.

BREUGHEL (A.)

13 — Vasque contenant des fruits.

CABEL (Van der)

14 — Vue du château de l'Œuf.

CARRACHE (D'après L.)

15 — Hercule enfant étouffant des serpents.

CASTEELS (P.)

16 — Corbeille de fleurs.

CHALETTE

17 — Portrait d'homme.

CHAMPAIGNE (D'après)

18 — Portrait d'un trappiste.

CHARDIN (Genre de)

19 — Portrait de femme.

CIMABUÉ (D'après)

20 — Vierge et Enfant.

CLAUDE LE LORRAIN (Genre de)

21 — Vue de Rome.

CORRÈGE (École de)

22 — Adoration des Mages.

CORRÈGE (École de)

23 — Diane.

COUZET

24 — L'Ivresse.

COYPEL (A.)

25 — L'Amour couronnant Chloé.

CRANACH (L.)

26 — Le Christ bénissant le monde.

DAMINE

27 — Mise au tombeau.

DESPORTES (D'après)

28 — Chasse au Sanglier.

DOMINIQUIN (D'après le)

29 — Adam et Ève.

DYCK (D'après VAN)

30 — Portrait d'homme.

ECOLE ESPAGNOLE

31 — Sainte Madeleine.

ECOLE FLAMANDE

32 — Portrait d'homme.

ÉCOLE FLAMANDE

33 — Paysage.

ECOLE FLAMANDE

34 — Portrait d'homme.

ÉCOLE FLAMANDE

35 — Saint Nicolas.

ÉCOLE FLAMANDE

36 — Sainte Madeleine.

ÉCOLE FLAMANDE

37 — La Vierge et l'Enfant.

ÉCOLE FLORENTINE

38 — Une Sibylle.

ÉCOLE FRANÇAISE

39 — Portrait de la princesse de Conti.

ECOLE FRANÇAISE

40 — Portrait de jeune femme.

ECOLE ITALIENNE

41 — Loth et ses filles.

ECOLE NAPOLITAINE

42 — Tête d'homme.

EISEN (D'après)

43 — La Remontrance.

ES (Van der)

44 — Fruits, Coquilles et Singe.

EVERDINGEN

45 — Paysage.

GADDO GADDI

46 — Assomption de la Vierge.

GIORDANO (Lucas)

47 — Esther et Assuérus.

GIORDANO (Lucas)

48 — David sacrifiant aux idoles.

GIORDANO (Lucas)

49 — Daphné au bain.

HALLÉ (N.)

50 — Jeux d'enfants (Deux dessus de porte).

HEDA

51 — Nature morte.

HELMONT (Imitation de VAN)

52 — La Tentation de saint Antoine.

HONTHORST (G.)

53 — Le Christ guérissant le paralytique.

HUYSUM (VAN)

54 — Paysage.

HUYSUM (VAN)

55 — Paysage. Pendant du précédent.

LAFOSSE (CH. DE)

56 — Sacrifice à Diane.

LANCRET (D'après)

57 — La Pêche.

LANCRET (D'après)

58 — Le Ménétrier.

LANFRANCO

59 — Un Augure.

LARGILLIÈRE

60 — Portrait de femme.

LARGILLIÈRE (D'après)

61 — Portrait de Louis XIV.

LARGILLIÈRE (École de)

62 — Portrait de Mlle de Montpensier.

LEBRUN (École de)

63 — Le Roi Abigaïl recevant des présents.

LÉPICIÉ

64 — Portrait de jeune fille.

LESUEUR (Genre de)

65 — Christ aux roseaux.

LUCAS DE LEYDE (École de)

66 — Le Christ devant Pilate.

    Dans le coin du tableau, sont les armoiries du donataire·

MAAS (Genre de)

67 — Portrait de femme.

MANTEGNA (D'après)

68 — L'Adoration des Mages.

MICHAU

69 — La Moisson.

MICHEL-ANGE (École de,

70 — Descente de croix.

MIERIS (D'après)

71 — La Marchande de poissons.

MIGNARD (École de)

72 — Portrait de femme.

MIGNARD (École de)

73 — Portrait de jeune fille.

MIGNARD (École de)

74 — Dame de la cour représentée sous les traits de
Diane.

MILET (Francisque)

75 — Paysage et Figures.

MIRALLÈS

76 — Tête de Christ.

MOLENAER

77 — Canal glacé à Dordrecht.

MOLYN (Le père)

78 — Paysage.

MOMPER (J. DE)

79 — Paysage.

MOREAU (l'aîné)

80 — Vue du château de Rambouillet.

MOREAU (l'aîné)

81 — Même Vue de l'autre côté.

NATOIRE

82 — Amphitrite.

PARMESAN

83 — Le Jeu de dés.

PEREZ DE SÉVILLE

84 — Sainte Famille.

POELEMBOURG (D'après)

85 — Diane au bain.

POELEMBOURG (D'après)

86 — Diane au repos.

RAOUX

87 — La Lecture.

RAOUX

88 — Jeune Femme en toilette de ville.

RIBERA (D'après)

89 — Saint Pierre.

ROOS DE TIVOLI

90 — Animaux.

ROTTENHAMER (D'après)

91 — Vénus couchée.

RUBENS (D'après)

92 — La Vierge et l'Enfant.

RUBENS (École de)

93 — La Visitation.

SCHALKEN

94 — Le Reniement de saint Pierre.

SCHUTZ (Corneille)

95 — Vue des Bords du Rhin.

SERVANDONI

96 — Intérieur de palais.

SUBLEYRAS

97 — Repas champêtre.

SUVÉE

98 — La Naissance de la Vierge.

SWANEWELT (Van)

99 — Vue de Tivoli.

TEMPESTA

100 — Galères vénitiennes à l'abordage.

TEMPESTA

101 — Marine. Deux pendants.

TENIERS (D'après)

102 — Intérieur de tabagie.

VENIUS (Otto)

103 — Sainte Famille.

VERDIER

104 — Triomphe d'Amphitrite.

VERKOLIE

105 — Cléopâtre.

VOS (E. Van)

106 — Le Départ pour la chasse (Effet de neige).
Signé et daté.

VROOM

107 — Vue de la Tour de Nesle et du vieux Louvre.

VROOM

108 — Marine.

ZURBARAN

109 — Un Évêque.

WERFF (Van der)

110 — Portrait de femme.

WOGELMUTH (Michel)

111 — Adam et Ève.
Deux volets de triptyque.

WYNTRACK

112 — Oiseaux aquatiques surpris par des chiens.

---

113 — Sous ce numéro, environ cent vingt Tableaux
anciens de diverses Écoles, Gravures et Dessins.

CURIOSITÉS DIVERSES

114 — Pendule Louis XVI en marbre blanc et bronze
doré, supportée par deux cariatides.

115 — Une paire de Candélabres en bronze, sur socles en
marble bleu turquin, de l'époque Louis XVI.

116 — Une paire de Candélabres en bronze, sur socles
en marbre blanc turquin, de l'époque Louis XVI.

117 — Paire de Flambeaux anciens Louis XVI en bronze
argenté.

118 — Paire de Flambeaux Louis XVI en bronze et
marbre.

119 — Nymphe et Amour. Groupe en terre cuite, par
Delaville (1798).

120 — Quatre Portières en tapisserie des Gobelins.

121 — Porcelaine, Linge, Glaces.

OBJETS MOBILIERS.

Vᵉˢ Renou, Maulde et Cock, imprˢ de la Compagnie des Commissaires-Priseurs,
rue de Rivoli, 144.   75776